Lk 4/182

MÉMOIRE

SUR

LA CORSE.

IMPRIMERIE DE MADAME JEUNEHOMME-CRÉMIÈRE
RUE HAUTEFEUILLE, n° 20.

MÉMOIRE

SUR

LA CORSE;

Par M. RÉALIER-DUMAS,

Ancien conseiller à la Cour royale de Corse, actuellement conseiller à la Cour royale de Riom.

Les Taïtiens nous sont mieux connus que les habitans de la Sardaigne ou de la Corse.
Précis de la Géogr. univ.

PARIS,

Chez PLANCHER, libraire, rue Poupée n° 7.

—

1819.

TABLE.

                                                  Pages.

CHAPITRE PREMIER. Ce que pourrait être la Corse, et ce qu'elle est. 1

CHAP. II. Moyens proposés pour améliorer l'état actuel de la Corse. 9

CHAP. III. Insuffisance des moyens proposés, et raisons de cette insuffisance. 13

CHAP. IV. Mœurs des Corses. 17

CHAP. V. Vices dans la législation, l'organisation judiciaire et l'administration. 28

   § 1er. Procédure civile. 30
   § II. Enregistrement. . . . . Ib.
   § III. Douanes. . . . . Ib.
   § IV. Code rural. 31
   § V. Limites entre les communes, Biens communaux, Biens royaux. 32
   § VI. Chemins vicinaux. 34
   § VII. Makis. 35
   § VIII. Port-d'armes. 36
   § IX. Condamnés par contumace. 40
   § X. Gendarmerie. 41
   § XI. Cour royale. 42
   § XII. Tribunaux de première instance. . 49
   § XIII. Juges de paix. 50
   § XIV. Maires. 51
   § XV. Bureaux de conciliation et de consultations gratuites. 52
   § XVI. Illégalités à faire disparaître. . . 53
   § XVII. Administration. 54

ERRATUM.

Page 10, ligne 18, au lieu de *lui proposer*, lisez *rechercher*.

MÉMOIRE
SUR
LA CORSE.

CHAPITRE PREMIER.
Ce que pourrait être la Corse, et ce qu'elle est.

Le sol de la Corse ne cède en fertilité à aucun des meilleurs cantons de France et d'Italie. Les bonnes terres y rendent 20, 30, 50, 80, et jusqu'à 100 pour un. Les plus mauvaises rapportent encore le huit, le dix, le douze. Excepté seulement les plus hautes montagnes qui sont constamment couvertes de neige, tout le reste est susceptible d'être mis en culture réglée.

La seule plaine d'Aléria pourrait fournir du blé à une population de trois cent mille âmes. Comme elle est cultivée aujourd'hui, la Corse n'en produit pas pour ses cent soixante-cinq mille habitans.

Les vins du Cap-Corse jouissent d'une réputation méritée. J'en ai bu dans le Nord qu'on nous donnait pour du vin de Frontignan ou de Malaga. Ceux de Pietranera, de Cervione, de Corte, de Talano, s'ils étaient bien faits, seraient très-supérieurs à nos vins ordinaires de France. Or, la plupart des côteaux étant propres à la culture de la vigne, la Corse devrait exporter du vin pour plusieurs millions. Le Cap-Corse en expédie à la vérité pour 3 à 400,000 francs : le reste de l'île n'en récolte pas pour sa consommation.

La Provence fait un commerce considérable de raisins secs et de figues. En Corse, où tout cela vaut mieux, on n'en fait rien.

L'olivier, qui croît spontanément dans plusieurs cantons, y croît plus robuste et plus beau qu'en France. Les collines du Nebbio, les plaines de la Balagne, les rochers du Cap-Corse et ceux d'Olmetta en sont couverts. L'olivier cultivé et l'olive préparée comme en Provence, la Balagne, qui n'exporte aujourd'hui que pour 7 à 800,000 francs d'huile, pourrait, année commune, en exporter pour 2 millions. Et si l'on pouvait engager les Corses, comme le fit un gouverneur génois, à greffer les oliviers sauvages qui abondent tellement dans leurs pays, qu'on en compte plus de deux millions dans l'arrondissement de Sartène, la Corse, à elle seule, produirait plus d'huile que la Provence et le Languedoc ensemble.

Le mûrier vient à merv... et le ver à soie a toujours prospéré, parce qu'il ne pleut et ne tonne jamais au temps de son travail. D'après des essais qui furent faits sous le règne de Louis XVI à Paris, à Lyon et à Nîmes, il fut reconnu que la soie de Corse était d'une qualité supérieure à celle de Piémont. Il ne reste plus aujourd'hui que très-peu de mûriers. Les plantations qui avaient été faites par des Français, et même par des gens du pays, telles que celle de Roccaserra à Porto-Vecchio, ont presque toutes été détruites pendant la révolution. Le Cap-Corse fait encore un peu de soie; partout ailleurs on n'en fait plus.

La cire de Corse vaut mieux que celle du Mans, et vaut autant que celle de Venise; mais on la chercherait inutilement dans le commerce. Elle fut si abondante autrefois, qu'elle servait aux Corses pour payer leur tribut aux Romains.

Les châtaignes qui remplacent le blé dans l'intérieur de l'île, les oranges, les citrons pourraient devenir l'objet d'un commerce important. On n'en exporte que peu ou point.

La longue plaine qui s'étend de Bastia jusqu'à Porto-Vecchio, dans une étendue de plus de vingt lieues de long, serait très-propre à la culture du chanvre. Dans quelques endroits on a essayé celle du lin, et elle a parfaitement réussi.

Mais de toutes les cultures la plus avantageuse peut-être à introduire en Corse, est celle du tabac. L'année dernière, un Français que le général Wiliot et le premier président y avaient appelé, fit une plantation tout près de Saint-Florent. Les frais montaient à 6,000 francs. Au moment de la récolte on vint lui en offrir 24,000. Il les refusa. Quelques jours après, plus de deux cents bestiaux, descendus des pays voisins, vinrent ravager son champ. Cet homme, qui est un agriculteur entendu, croyait fermement que son tabac ne serait point inférieur à celui de Virginie. Il avait fait aussi une plantation de sucre, mais en petit. Les cannes que j'ai vues étaient d'une hauteur prodigieuse.

En 1810, on m'a montré, au ministère de l'intérieur, du coton de Corse qui était très-beau. Vers la même époque, on avait fait quelques essais pour cultiver l'indigo; et ces essais avaient, dit-on, fort bien réussi. Reste à savoir si les frais de pareilles cultures n'en absorberaient pas le produit, et au-delà.

Quoi qu'il en soit, s'il est des parties de l'île où la chaleur est excessive, il en est d'autres dont la température est modérée, même au plus fort de l'été : je veux parler des montagnes. Nul doute que les brebis mérinos ne pussent fort bien s'acclimater en Corse. Elles garderaient le haut des montagnes pendant l'été; et l'hiver, elles descendraient dans la plaine, où les rigueurs du froid ne se font jamais sentir.

Ces montagnes qui occupent une si grande

partie de la Corse, et dont quelques-unes ont leur sommet dans les neiges perpétuelles, seront peut-être un jour la plus grande richesse du pays. Le hêtre, le sapin, le pin larix dont leurs flancs sont couverts, l'emportent de beaucoup sur les bois que nous faisons venir à grands frais de Suède et de Russie.

Parmi les cinquante-quatre forêts dites *royales*, celles de Vizzavona et d'Aïtona, mises en coupe réglée, suffiraient à tous les besoins de notre marine militaire et marchande. Si l'on en croit des gens qui doivent être bien informés, celle d'Aïtona peut, à elle seule, donner deux cent mille pieds d'arbres tous les ans. Mais ni les unes ni les autres n'ont été jusqu'ici d'une grande utilité pour la France. Il n'y a que celle de Libio dont on ait tiré quelques bois sous l'ancien gouvernement.

L'exploitation de ces forêts serait cependant plus facile et beaucoup moins dispendieuse qu'on ne le croit communément. La grande route de Bastia à Ajaccio, traverse celle de Vizzavona dans toute sa longueur. Celle d'Aïtona pourra communiquer au golfe de Sagone par la nouvelle route qui est commencée. Celles de Pietra-Piana, de Barile, de Tega, étant plus rapprochées de la mer, présenteront encore moins de difficultés, si l'on rétablit les chemins que MM. Gautier-Vial avaient fait faire autrefois(1).

Les montagnes de la Corse renferment des mines de fer, de cuivre, et selon quelques-uns, d'or et d'argent. Il n'y a que la mine de fer de Farinoley qui soit assez riche pour être exploitée.

Ces mêmes montagnes pourraient fournir des marbres précieux. L'azur, le granit, le serpentin, le vert antique, le porphire y abondent. J'ai vu dans la superbe chapelle des Médicis à Florence, plusieurs tombeaux qui sont incrustés de jaspe vert de Corse.

Les eaux thermales du *Fiumorbo* étaient fréquentées par les Romains : des restes de constructions romaines en font foi. La température moyenne de ces eaux varie entre 40 et 45 degrés du thermomètre de Réaumur. Selon Vacca, le premier médecin de l'Italie, rien n'égale leur efficacité contre les rhumatismes et les maladies cutanées. Les eaux de Vico pos-

---

(1) Le berger corse, en attendant, use de ces belles forêts, comme si elles étaient sa propriété. S'il veut faire du goudron, il entaille le plus bel arbre, et met le feu au bas, pour accélérer l'écoulement de la résine. Tantôt, pour se chauffer, il brûle un melèze de vingt toises de haut. Tantôt, pour semer quelques poignées d'orge en un lieu plat, il allume un brasier, et attend que l'incendie l'ait débarrassé des arbres qui gênaient sa culture. S'il survient un coup de vent, la forêt tout entière est consumée.

sèdent à peu près les mêmes vertus. Celles d'Orezza sont célèbres pour les maladies du foie et les obstructions de tous genres. Mais ni les unes ni les autres ne sont fréquentées, parce que les chemins qui y conduisent sont impraticables; et parce que une fois arrivés, les malades n'y trouveraient aucun établissement pour les recevoir.

Il existe des salines à Porto-Vecchio; rien n'empêcherait qu'on n'en établît d'autres dans les plaines d'Aléria, à Ajaccio, à Saint-Florent. Il y en avait plusieurs autrefois, qui furent détruites par la république de Gênes.

Le corail d'Ajaccio et surtout celui de Bonifaccio sont justement renommés. Les Corses l'abandonnent aux pêcheurs napolitains, pour aller, à grands frais, en chercher de moins beau sur les côtes de Barbarie.

On pêche annuellement sur les côtes de Sardaigne pour plus de 300,000 francs de sardines. Pourquoi n'en ferait-on pas autant dans les parages de la Corse, où elles sont tout aussi abondantes?

Il y avait avant la révolution des madragues dans le golfe de Saint-Florent, et ces madragues avaient eu tout le succès qu'on pouvait espérer. Pourquoi ne pas les rétablir? Pourquoi n'en pas construire dans les autres golfes de l'île?

Ces beaux golfes et la position de la Corse excitèrent jadis la jalousie des Génois. Egalement à portée de la France et de l'Italie, et placés sur le chemin des échelles du Levant, les Corses pouvaient devenir un jour des rivaux dangereux. Gênes leur interdit tout trafic étranger. Aujourd'hui qu'ils peuvent commercer, comme bon leur semble, ils vont chercher en France et en Italie, le peu d'objets dont ils ont besoin; ils y portent en retour le vin du Cap-Corse et l'huile de la Balagne, un peu de bois à brûler, quelques peaux, des citrons, des châtaignes. Leur commerce ne va pas au-delà.

Quant aux manufactures, un petit nombre de forges qu'on alimente avec du minerai de l'île d'Elbe, deux ou trois tanneries, et une verrerie qui ne se soutiendra pas : voilà, en deux mots, toute l'industrie de la Corse.

CHAPITRE II.

Moyens proposés pour améliorer l'état actuel de la Corse.

Cet état est-il vraiment susceptible d'amélioration ?

Les Génois prétendaient que le Corse est trop inquiet, trop remuant, pour se soumettre jamais à l'autorité des lois.

Le duc de Choiseul a souvent dit qu'il donnerait, de grand cœur, un million à qui ferait disparaître l'île de Corse de la Méditerranée.

Bonaparte n'avait pas une fort bonne idée de ses compatriotes. On a prétendu qu'il avait changé d'opinion pendant son séjour à l'île d'Elbe ; mais en 1815, il me disait à moi-même : « On ne fera jamais rien de mon pays. Les Corses « se sont toujours tués, ils se tueront toujours ».

Beaucoup de gouverneurs, de généraux, de préfets, qui, même avec des talens, ont échoué dans l'administration de la Corse, pourraient bien penser comme les Génois, le duc de Choiseul et Bonaparte. J'oserai n'être pas de leur avis. Je crois, avec M. de Cursay et le général Willot, les deux hommes, à mon sens, qui ont le mieux connu ce pays, qu'il est possible de rendre à la fois ses habitans plus heureux, et la possession de leur île moins onéreuse à la France (1).

Si les Génois n'ont rien fait de la Corse, c'est qu'ils ne l'ont pas voulu. Si la république Française, si le gouvernement impérial, si le gouvernement actuel n'y ont pas mieux réussi, c'est qu'ils l'ont mal connue.

Sous la fin du règne de Louis XV, et au commencement de celui de Louis XVI, la Corse était tranquille. Il s'y commettait moins de crimes que dans plusieurs provinces de France. L'agriculture, le commerce, les arts y commençaient à naître. Pourquoi ce qui fut possible alors, ne le serait-il pas aujourd'hui?

Le gouvernement a créé une commission pour examiner l'état de la Corse, et pour lui proposer les améliorations dont il est susceptible. Parmi ses membres se trouvent des hommes d'un mérite distingué, et qui ont l'avantage d'avoir étudié le pays. M. de Volney et le général Colaud le connaissent parfaitement. Il est malheureux qu'après quelques séances, l'un et l'autre se soient retirés.

La commission devait d'abord répondre aux questions qui lui avaient été soumises par le

―――――――――

(1) Elle ne verse pas net au trésor 400,000 fr., et la dépense monte à près de 4 millions.

ministre de l'intérieur, relativement au port-d'armes et aux contumaces. Elle n'a vu aucun inconvénient à ce que le port-d'armes fût permis en Corse, comme il l'est dans les autres départemens. Elle n'en a pas vu davantage à ce qu'on délivrât des passeports pour l'étranger aux contumaces qui infestent l'intérieur de l'île. Elle a excepté cependant ceux qui auraient été condamnés pour cause d'assassinat.

La commission s'est occupée ensuite de l'instruction publique, des chemins vicinaux, et de la création de plusieurs arrondissemens; mais elle a surtout insisté sur les encouragemens à donner à l'agriculture et au commerce.

Il a été question de faire revivre d'anciennes ordonnances qui accordaient une prime à quiconque importerait dans le pays des matériaux de construction, des pieds d'arbres, etc.

On a proposé de dessécher des marais, de former une école pratique d'agriculture à l'Aréna, de créer des pépinières, d'établir des haras, d'envoyer des brebis mérinos et des chèvres du Thibet.

Après avoir énuméré toutes les productions du pays, on a demandé des récompenses pour ceux qui se livreraient à la culture du tabac, du coton, des cannes à sucre, etc.

Enfin, on s'est beaucoup étendu sur l'avantage qu'il y aurait à établir en Corse des manufactures de tous genres.

CHAPITRE III.

Insuffisance des moyens proposés, et raisons de cette insuffisance.

Avant de vouloir encourager l'industrie, il faut avoir pourvu à la sûreté des personnes et des propriétés. Le premier encouragement qu'on doive à l'agriculture, c'est que l'agriculteur soit toujours sûr de recueillir le grain qu'il a semé. En Corse, non-seulement il n'a pas cette certitude; mais il n'a pas celle de pouvoir aller à son champ, sans être tué.

On ne compte plus, il est vrai, comme au temps des Génois, neuf cents assassinats par an; mais le nombre des crimes est encore effrayant. Ce ne serait pas aller trop loin, que d'affirmer qu'il se commet plus d'assassinats dans ce seul département, dont la population ne s'élève pas à cent soixante-dix mille ames, que dans tout le reste de la France.

Consultez un rapport fait à l'empereur en 1810, et vous y verrez que la seule cour de justice criminelle du Golo (1) avait prononcé

---

(1) La Corse était alors divisée en deux départemens, le Golo et le Liamone.

dans l'espace de cinq ans deux cent trente-cinq arrêts de mort, dont presque point par contumace.

Depuis le 14 avril 1816 jusqu'au 1er janvier 1819 (je ne puis compter que les crimes qui ont été poursuivis), il a été porté à la chambre d'accusation trois cent trente-sept affaires criminelles, dont cent soixante-cinq assassinats : ce qui suppose plus de trois cents individus auteurs ou complices ; car en pareil cas, les Corses se mettent ordinairement plusieurs ensemble. La cour de justice criminelle et la cour prévôtale ont prononcé, dans l'espace de quatorze mois, plus de quarante condamnations capitales : et de toutes les affaires qui y ont donné lieu, aucune n'était une affaire de parti. Généralement parlant, il n'y a en Corse ni ultrà, ni libéraux, ni ministériels, pas même de bonapartistes. Il n'y a que le parti français qui tient pour la France, et le parti anglais qui voudrait la domination de l'Angleterre. Or, à l'exception du commandant Stéphanini, personne n'a jamais été assassiné pour être de l'un plutôt que de l'autre (1).

Jusqu'ici je n'ai parlé que de ce qu'on nomme

---

(1) Le parti anglais, en 1815, avait cru devoir prendre les couleurs du royalisme. Les assassins de Stéphanini portaient la cocarde blanche : ils n'en étaient pas plus royalistes pour cela.

proprement crimes : car les délits sont si fréquens, qu'on ne se donne pas la peine de les poursuivre. J'ai passé cinq ans en Corse, et pendant ces cinq ans je ne sache pas qu'il ait été jugé un seul délit rural ou forestier, quoiqu'il s'en commette tous les jours. « Ah! mon« sieur, me disait un propriétaire de la Casinca, « je serais trop riche, si je pouvais retirer de « mes biens la dixième partie seulement de ce « qu'ils me rapporteraient dans un pays où les « propriétés seraient respectées. » Combien de fois, à l'époque des moissons, n'ai-je pas vu des habitans de l'intérieur de l'île accourir auprès du général Willot, et lui demander, à mains jointes, l'assistance de la force armée, pour pouvoir, sans risque de la vie, enlever leur récolte ! Dans un canton de l'est, je connais un propriétaire qui n'a trouvé d'autre moyen, pour se procurer une sorte de sécurité, que de faire une pension aux cinq ou six plus mauvais sujets des environs.

Les étrangers sont ordinairement protégés (au moins dans leurs personnes), par les lois du pays qu'ils habitent. En Corse, il n'en est pas ainsi. Que de Lucquois, de Parmésans, de Génois, qui, après avoir cultivé les terres des habitans, sont maltraités, volés, égorgés, sans que les assassins eux-mêmes aient rien à redouter des tribunaux !

M. Feydel raconte l'histoire d'un étranger qui avait épousé une fille du pays, et qui fut tué quelque temps après. « Les assassins, dit « M. Feydel, étaient deux parens de la femme. « Ils avaient été reconnus par des voisins. Les « juges du tribunal criminel désirant donner « signe de vie au ministre (c'était alors le ci- « toyen Merlin), se demandèrent, à huis clos, « s'ils feraient enfin un essai de leurs forces; « mais considérant qu'ils ne réussiraient pas à « faire emprisonner au même instant la famille « entière, et qu'aucun d'eux n'oserait se montrer « dans la rue sous peine d'être tué, ils se dé- « cidèrent pour la négative. »

Les français eux-mêmes ne sont pas traités beaucoup plus favorablement. Un français fut assassiné en 1816 dans la ville d'Ajaccio. Il n'y a pas eu de poursuites; ou si l'on a poursuivi, on l'a fait de manière à ne pas trouver les coupables. Dernièrement la fille d'un tailleur établi à Bastia depuis quelque temps, fut violée par un homme du pays. Le viol était manifeste, il avait été commis sur une enfant; mais comme il s'agissait de la fille d'un français, le coupable a été absous.

La bombarde française *la Parthenope* échoue, le 3 février 1817, sur les côtes du Cap-Corse, et la cargaison presque tout entière est pillée par des gens du pays. Rien ne semblait plus facile que de retrouver les objets volés : on en avait porté à Bastia ; il y en avait dans toutes les maisons du Cap-Corse. Croira-t-on que les propriétaires n'ont pas même porté plainte ? Ils ont prévu ce qui devait arriver. L'instruction faite d'office n'a donné aucun résultat. Je ne connais encore qu'un seul étranger, M. Bonabelle, qui ait pu obtenir justice en Corse, et il ne l'a obtenue qu'imparfaitement. Mais s'il en est ainsi des négocians français, que doit-ce donc être de ceux de Livourne et de Gênes ? Ils savent si bien à quoi s'en tenir, qu'ils ne font jamais d'affaires qu'au comptant.

L'état des choses est tel dans ce malheureux pays, que les Corses eux-mêmes sont réduits à chercher ailleurs une sûreté qu'ils ne trouvent pas chez eux. Il y a une ville entière en Sardaigne, *Longo-Sardo*, qui n'est peuplée que des habitans d'Ajaccio, de Cargese et de Bonifaccio. Je le demande : est-ce avec des encouragemens ou des primes qu'on aurait pu les retenir ?

CHAPITRE IV.

Mœurs des Corses.

Le Corse oublie rarement le bien qu'il a reçu, jamais le mal. Comptant peu sur la justice des tribunaux, il ne se fie qu'à lui-même du succès de sa vengeance: il y croit son honneur intéressé.

Que l'injure lui soit personnelle, ou qu'elle ait été faite à quelqu'un de ses parens jusqu'au quatrième degré, ou même jusqu'au cinquième, il faut également qu'il la venge. Toute famille serait déshonorée, si elle ne prenait pas fait et cause pour chacun de ses membres.

Un homme meurt de *cattiva morte*, c'est-à-dire assassiné : dans quelques cantons, la femme trempe une chemise dans le sang de son mari, et la montre religieusement à ses enfans, jusqu'à ce qu'ils aient vengé la mort de leur père. Leurs coups doivent, s'il se peut, tomber sur l'assassin; mais s'il échappe, il faut qu'un de ses parens soit immolé à leur implacable ressentiment. Alors seulement ils se coupent la barbe qu'ils avaient laissé croître en signe d'affliction; la joie renaît dans la famille, et chacun retourne à ses affaires.

Mais si les fils manquent de courage, et s'il est à craindre qu'ils laissent impuni le meurtre de leur père, alors les parens s'assemblent. Ils choisissent parmi eux celui à qui sera plus spécialement confié le soin de venger l'honneur de la famille. Une pareille mission ne peut se refuser.

Les Corses se battent très-rarement en duel. Ce n'est point lâcheté de leur part. Le même homme qui aura refusé de se battre avec vous, pour vous assassiner, ira ensuite à l'échafaud avec un courage qu'on ne voit point ailleurs. Ils ne se battent pas, parce qu'il leur paraît ridicule de s'exposer à être tué par son ennemi, lorsqu'on peut le tuer sans risque.

En quoi seulement ils croiraient manquer à l'honneur, ce serait de vous attaquer sans vous avoir prévenu. J'étais un soir à Ventiserri chez M. Batesti ; nous allions nous mettre à table, lorsqu'un homme entre, armé de pied en cap, et lui dit : « A dater d'aujourd'hui notre famille est en inimitié avec la vôtre. Vous avez huit jours pour avertir vos parens. Après quoi soyez sur vos gardes; nous serons sur les nôtres. » Le neuvième jour on enleva quelques bestiaux appartenant à M. Batesti. Car la *vendetta* s'exerce aussi sur les propriétés; elle n'épargne que les enfans et les femmes.

Tous les hommes d'une même famille étant en quelque sorte solidaires les uns pour les autres, une nombreuse parenté est la première de toutes les richesses. Lorsqu'il s'agit d'une jeune personne à marier, on s'informe d'abord du nombre et de la qualité des parens ; la dot ne vient qu'après. Aussi nulle part n'est-on plus soigneux de conserver sa généalogie.

Cette solidarité, qui existe toujours entre les personnes d'un même sang, s'étend quelques fois aussi à tous les habitans d'un même canton. Un capitaine nommé *Morelli* fut assassiné, il y a deux ans, à Bonifaccio. Depuis cette époque, les premières personnes de la ville n'osent plus en sortir. Les gens du Fiumorbo, qui se prétendent les compatriotes de Morelli, ont juré de venger sa mort sur ce qu'il y a de mieux dans Bonifaccio. « Il faut un sang noble, disent-ils, pour venger dignement le sang de Morelli. »

Les hostilités une fois commencées entre deux familles, elles durent jusqu'à ce qu'il intervienne un traité de paix. Ces traités se font avec toute la solennité possible. Ils sont débattus, dressés, signés avec toutes les formes usitées en pareil cas entre les nations. Mais pour qu'ils soient fidèlement observés, il faut qu'il y ait eu autant de morts d'un côté que de l'autre. Tout traité définitif, sans cela, est réputé honteux pour le côté qui en a le plus. (1).

Souvent il intervient des tiers, comme garans des conditions du traité. En pareil cas, autrefois, il était toujours expressément stipulé qu'ils prendraient fait et cause contre la partie qui l'aurait violé; qu'ils dévasteraient ses champs, tueraient ses bestiaux, brûleraient ses maisons.

Quelquefois, au lieu de faire la paix, on convient seulement d'un armistice: comme cela arrivait, lorsque les Corses étaient en guerre avec les Génois; et comme cela arrive encore aujourd'hui, lorsque l'assassin se trouve entre les mains de la justice. Ses parens, tant que dure le procès, n'ont rien à craindre ni pour eux ni pour leurs propriétés. Si le coupable est absous, alors seulement la guerre recommence. Car aujourd'hui, comme autrefois, le Corse se venge, parce que le juge ne punit

---

(1) M. Feydel raconte le trait suivant :

« Un général anglais, qui commandait à Ajaccio, voulut rapatrier deux familles : on s'embrassa, et l'on prêta le serment ordinaire (mais le nombre de morts n'était pas le même de part et d'autre). Les deux familles ne furent pas sorties de la ville, qu'il s'engagea un combat entre elles. Il y eut cinq hommes de tués; deux du côté droit, et trois de l'autre. La paix se fit alors réellement. »

pas. Sans doute il n'y a qu'un défaut absolu de justice qui ait pu faire de la vengeance un devoir; mais de pareilles mœurs une fois établies, on conçoit que la moindre injustice suffit pour les maintenir.

Gênes, qui avait éprouvé la valeur des Corses, sentit fort bien qu'elle ne pourrait les dominer, s'ils étaient unis. Elle entretint les haines, excita les rivalités, perpétua les divisions; et les crimes se multiplièrent. Ses malheureux sujets furent réduits à solliciter, comme une grâce, la punition des assassins. Ils ne purent l'obtenir. Le gouverneur, qui envoyait aux galères et à la mort *ex informatâ conscientiâ*, pouvait arrêter toutes poursuites avec une simple formule *non procedatur*. Dans l'espace de quatre ans, on compta plus de quatre mille personnes condamnées aux galères, qui toutes obtinrent leur délivrance à prix d'argent. Les Corses étaient à bout. Ils ne pouvaient plus compter sur une justice qu'on s'obstinait à leur refuser; de désespoir ils se la firent eux-mêmes. Et delà cette union des familles; de là la *rendetta*, qui remplaça l'action des tribunaux; de là enfin ces guerres déclarées, soutenues et terminées avec toutes les formalités du droit des gens.

Entre hommes qui courent si souvent risque de leurs jours, l'amitié ne peut pas être ce qu'elle est parmi nous. Le Corse qui est une fois votre ami, l'est pour toujours; il l'est à la vie et à la mort. Mais aussi il faut l'aimer, comme il vous aime. Il faut entrer dans tous ses démêlés; il faut le soutenir dans toutes ses prétentions. En vain vous objecteriez la raison, la justice. Il ne vous pardonnera pas ce qu'il appelle un déni d'amitié.

Toujours engagé dans quelque querelle, ou pour lui ou pour ses amis, le Corse marche rarement sans ses armes. Seul, il s'écarte le moins qu'il peut de sa demeure. Peu de personnes croiraient pouvoir le faire impunément. Aussi lorsque quelqu'un voyage, est-il ordinairement accompagné de plusieurs parens ou amis, tous armés comme lui. Le long des routes, on n'aperçoit aucune maison isolée. Toujours elles sont réunies, et situées sur quelque hauteur. Une surprise y est moins à craindre; et en cas d'attaque, il serait plus aisé de se défendre. Nulle part il n'y a d'auberges. Mais à quelque porte que vous frappiez, vous êtes sûr d'être bien reçu. Les Corses sont religieux observateurs de l'hospitalité: ils en pratiquent les devoirs avec toute la simplicité et la générosité des peuples barbares. Je n'en citerai qu'un seul exemple.

Un habitant de la campagne retournait de Bastia à son village. Il est surpris par le mauvais temps; la nuit survient; il s'égare. Enfin, à la

lueurs des éclairs, il crut apercevoir une maison;
il y court, il frappe. C'était celle de son plus
cruel ennemi. « Entre, lui dit cet homme, et
partage mon souper et mon lit. Demain, si le
temps le permet, tu continueras ta route. » Le
repas fait, ils couchent ensemble; et le lende-
main le voyageur retourne tranquillement à sa
maison. Quelques jours après, il fut assassiné
par le même homme qui lui avait si généreuse-
ment donné l'hospitalité.

Le Corse est plus superstitieux que religieux. Il a un grand respect pour le culte;
il en suit scrupuleusement les pratiques. Mais
sa religion, tout extérieure, sait s'accommo-
der avec la vengeance et l'assassinat. On a vu
des complices, pour s'assurer l'un de l'autre,
entrer dans une église, et prendre le ciel à té-
moin de leur affreuse alliance. Tous les jours,
en présence des tribunaux, on voit des hommes
qui ont juré devant Dieu de dire la vérité, et qui
mentent tranquillement à la justice.

Dans un pays où pour quelques assiduités auprès d'une jeune personne, il faut l'épouser, ou
s'exposer à être tué, les mœurs ne peuvent
manquer d'être pures. Mais la condition des
femmes est assez triste. Elles sont comptées pour
peu de chose : dans quelques endroits, elles ne
se mettent jamais à table. La naissance d'une fille
est considérée presque comme un malheur. Celle

d'un garçon au contraire est un jour de fête. On s'empresse de féliciter le père, on accourt de tous côtés pour prendre part à sa joie; et pendant plusieurs jours, ce sont des réjouissances et des festins. En général, la naissance et la mort se célèbrent avec beaucoup de pompe. Quand quelqu'un meurt, tous les parens, tous les amis, quelque loin qu'ils soient, doivent venir à l'enterrement; y manquer serait la plus grande marque de haine. Tellement, que lorsqu'un homme est prévenu d'assassinat, c'est une forte présomption contre lui, s'il n'était pas aux funérailles du mort.

Naturellement braves, et sans cesse en guerre avec les étrangers ou entr'eux, les Corses n'ont jamais estimé d'autre profession que celle des armes. Ils ont le plus profond mépris pour les arts mécaniques, et pour ceux qui les exercent. Aucun homme ne consentirait à être domestique; les femmes le sont rarement dans le lieu de leur naissance. Forcés, pour vivre, de cultiver la terre, ils ne cultiveront que leur propre champ. Aussi tous sont propriétaires; mais si pauvres, qu'on n'en trouverait pas vingt qui payassent en effet 300 francs de contributions. Comme ils sont aussi sobres que paresseux, ils ne travaillent que trois mois de l'année, tout juste autant qu'il faut pour ne pas mourir de faim; les autres neuf mois, ils les passent dans une inaction qu'ils croient très-honorable. Ils jouent aux cartes, causent, méditent une vengeance, ou intriguent.

Ils sont très-avides des places, parce qu'ils sont pauvres ; et parce qu'ils y trouvent le moyen, à la fois, de soutenir leurs amis et d'humilier leurs ennemis. Il n'est rien qu'ils ne fassent pour les obtenir. Ils sont adroits, insinuans, flatteurs. « Un Corse, disait l'avocat « Négroni, prévoit dix ans d'avance qu'il aura « besoin de vous, et il se conduit en consé- « quence. » Quoi qu'il arrive, ils ont constamment leur objet en vue, et rien ne saurait les décourager : *pazienza* est leur mot favori.

Si ces gens-là voulaient donner au travail la moitié du temps qu'ils dissipent en intrigues, ils seraient en vérité trop riches. — Si encore ils permettaient aux autres de travailler ; mais non. Celui qui voudrait se livrer à l'industrie, est considéré comme un homme sans cœur. En même temps qu'on le méprise, sa fortune devient un objet d'envie, et il n'est pas d'indignités auxquelles il ne soit exposé. Si c'est un étranger, le moins qu'il puisse lui arriver, c'est de voir ses propriétés dévastées.

En général, le Corse n'aime pas les étrangers, soit parce qu'il a été accoutumé à voir en eux des ennemis, soit parce que les étrangers ne partagent point ses préjugés. Il se croit très-supérieur à eux; il dit: « Ce n'est qu'un Génois, « qu'un Lucquois » et même « ce n'est qu'un « Français. »

Il faut l'avouer, ces prétentions des Corses sont, à quelques égards, mieux fondées qu'on ne pourrait le croire. Leur genre de vie très-peu favorable à la richesse, l'est beaucoup au développement de l'esprit. On trouve jusque dans les dernières classes une intelligence qui étonne. Ailleurs un homme du peuple qui est opprimé, se plaint, parce qu'il souffre; mais il serait hors d'état de motiver sa plainte. Un Corse, quel qu'il soit, n'est jamais embarrassé pour expliquer son affaire; il sait soutenir son droit, et il faut que l'autorité raisonne avec lui. Si vous dédaignez d'entrer en explication, il s'indigne, et vous méprise. Mais prouvez-lui clairement qu'il a tort; montrez-lui, la loi à la main, que ses prétentions sont injustes, ou que sa réclamation est mal fondée, il se soumettra. Car, au milieu de toutes ses passions, le Corse a conservé un profond respect pour la justice; et ce n'est pas le trait le moins saillant de ce singulier caractère.

Lorsqu'un homme est assassiné, sa famille doit venger sa mort: mais que l'assassin soit arrêté, elle attend tranquillement, comme je l'ai dit, la sentence des tribunaux; et s'il est condamné, tout est fini. A la vérité, s'il est absous, la famille se venge ; mais n'est-elle pas en effet moins coupable que le juge, qui l'a réduite à se faire justice elle-même ?

Le magistrat Corse courra nécessairement des dangers, parce qu'on ne croira pas à son impartialité. Le magistrat Français n'en court que par sa faute. Il sera sollicité, obsédé, peut-être menacé ; mais s'il ne fait que son devoir, il n'a rien à redouter. J'avais siégé pendant quatre ans à la cour criminelle, lorsque j'ai parcouru la Corse. Je l'ai traversée dans tous les sens, presque toujours seul et sans armes ; vingt fois j'ai passé au milieu de gens que j'avais condamnés par contumace, et jamais il ne m'est rien arrivé. Dans un des pays les plus dangereux, à Olmetta, je me trouvais chez M. Pianelli. Je vois venir à moi un homme suivi de plusieurs autres : « J'ai perdu, me dit-il, un procès qui m'a ruiné ; et c'est vous, qui me l'avez fait perdre.... N'importe : vous n'avez écouté que votre conscience, vous êtes un honnête homme. Mes parens et moi, nous venons vous offrir de vous accompagner ».

Tant qu'il y aura de pareils sentimens en Corse, il ne faut désespérer de rien.

CHAPITRE V.

Vices dans la législation, l'organisation judiciaire et l'administration.

J'ai tâché de donner une idée générale des mœurs de la Corse. J'ai dit ce que j'avais vu; mais j'ai dû ne pas tout dire : les différences locales m'auraient entraîné trop loin.

J'ai décrit ce qui était, il y a cinquante ans, les mœurs de tout le pays, et ce qui se voit encore chez le plus grand nombre des Corses, chez tous les habitans de l'intérieur. Plus on avance vers la mer, plus ces mœurs s'altèrent, et plus elle se rapprochent des nôtres. Les villes maritimes, Ajaccio, Bastia, l'Ile-Rousse, Calvi, Bonifaccio ressemblent assez à nos petites villes de France. On y trouve à peu près toutes les commodités de la vie; des Corses y exercent les arts mécaniques. Les alentours sont bien cultivés; et jusqu'à une certaine distance, on aperçoit peu de terres en friches. Les travaux les plus pénibles de l'agriculture sont encore faits par des Lucquois; mais dans tous ceux que le Corse veut entreprendre, il a une supériorité marquée : rien de mieux entendu que la manière dont il cultive la vigne.

On conçoit que les villes maritimes étant en relations continuelles avec les étrangers, les mœurs ont dû s'y adoucir. Mais pourquoi les étrangers consentent-ils à s'y établir, et pourquoi ne s'établissent-ils que là, si ce n'est parce qu'ils y trouvent une sûreté qu'ils chercheraient inutilement ailleurs ? Cette sûreté, cependant, n'est pas encore entière ; mais qu'elle le devienne, et qu'elle s'étende à l'intérieur du pays : qu'on soit partout assuré de jouir du fruit de ses travaux, partout les étrangers accourront en foule, attirés par la fertilité du sol et la beauté du climat. Les Corses s'accoutumeront au spectacle de l'aisance ; ils apprendront à connaître les douceurs de la vie, ils voudront y participer, ils travailleront, ils s'enrichiront : et pour cela il n'est pas besoin d'encourager l'industrie. Sans la sûreté des personnes et des propriétés, tous les encouragemens seraient inutiles ; avec cette sûreté, ils seront superflus.

Occupons-nous donc uniquement de faire respecter les personnes et les propriétés ; mais n'oublions rien de ce qui peut y contribuer. Une bonne justice, et une administration qui la seconde, voilà sans contredit l'essentiel. Toutefois, il n'importe pas moins de mettre la législation en harmonie avec l'état du pays.

Elle devrait prévenir le crime; trop souvent elle le fait naître, ou l'encourage.

§ Ier. *Procédure civile.*

Le Code de procédure, trop fiscal pour la France, est ruineux pour la Corse. Qu'en arrive-t-il? Que ne pouvant faire les frais d'une action judiciaire, on se fait justice soi-même.

§ II. *Enregistrement.*

Les droits d'enregistrement, quelques modifications qu'une décision ministérielle y ait apportées, sont encore trop élevés. Il se passe peu d'actes pardevant notaire. Peu de personnes par conséquent sont en état de justifier de leur propriété : de là, des différens qui ne peuvent se terminer qu'à coups de fusil.

La diminution des droits serait doublement avantageuse au trésor. Il se ferait plus d'actes; et il y aurait moins de procès criminels, dont les frais sont presque toujours à sa charge.

§ III. *Douanes.*

Le Corse est en même temps brave et paresseux. Les douanes l'accoutument à se procurer, en contravention aux lois et par la force, ce qu'il serait à désirer qu'il se procurât par son industrie. Elles entretiennent, par l'appas du gain, le penchant qu'il a toujours eu à se mettre en guerre avec l'autorité. Elles ont les plus grands inconvéniens; elles n'ont pas le moindre avantage. Car ce qu'on en retire est fort au-dessous de ce qu'elles coûtent; et quant à l'objet pour lequel on a généralement établi des douanes, celui de favoriser les manufactures du pays, elles ne sauraient le remplir en Corse, où il n'y a pas de manufactures.

« Mais c'est, dit-on, un débouché pour les nôtres. » Nullement. Y eût-il quatre mille douaniers pour garder les côtes, au lieu de quatre cents, les Corses n'en iraient pas moins prendre à Livourne et à Gênes les objets qui y sont à plus bas prix qu'en France. Et qu'il y ait ou non des douanes, les Corses viendront toujours acheter chez nous les draps qu'ils y trouvent à meilleur marché qu'ailleurs.

§ IV. *Code rural.*

Nous n'en avons point encore en France; et le peu de lois qui existent sur cette matière ne sont point en rapport avec l'état de l'agriculture en Corse. J'ignore ce que sera le Code rural qu'on nous prépare; mais s'il convient à la France, à coup sûr il ne conviendra pas à un pays, pour lequel il n'aura pas été fait. A cet égard, comme à tant d'autres, il faut une législation toute particulière en Corse.

J'ai rassemblé sur ce sujet le plus de renseignemens qu'il m'a été possible; mais il est des connaissances locales qu'un étranger ne peut jamais parfaitement avoir. Que le gouvernement s'adresse aux propriétaires les plus instruits de chaque arrondissement. Ils ont eu le temps d'apprécier la législation actuelle, et ils ont dû la comparer avec l'ancienne. Eux seuls pourront fournir tous les documens nécessaires pour faire une bonne loi.

§ V. *Limites entre les communes. Biens communaux. Biens royaux.*

Les limites des communes entre elles sont restées jusqu'à présent fort incertaines. Cette incertitude est une véritable calamité. Il en résulte chaque jour des contestations, et trop souvent la mort de quelqu'un des contendans.

Pour en finir, on pourrait créer une commission d'arbitrage. Cette commission, après avoir ouï les maires, les conseils municipaux et le sous-préfet, serait autorisée à décider en dernier ressort; sauf, si l'on veut, à soumettre ses décisions au Préfet. L'essentiel, dans tous les cas, serait de bien choisir les arbitres. Si ce doivent être des gens étrangers au pays, je n'ai rien à dire; mais si ce sont des Corses, il me paraît indispensable, au lieu d'une commission, d'en avoir deux: l'une prise dans l'ancien département du Liamone, qui prononcerait entre les communes du département du Golo; et l'autre prise dans celui-ci, pour juger dans le Liamone.

Il a été question de partager les biens des communes; on a parlé aussi de les vendre. Rien de mieux, si toutes les terres appartenant à des particuliers étaient cultivées, mais les trois quarts au moins sont encore en friches. La division ou la vente, sans utilité aujourd'hui pour l'agriculture, serait la ruine d'un grand nombre de familles. Dans les communes dont le territoire est peu étendu, à Corte par exemple, ces biens sont l'unique ressource du pauvre à qui les gens aisés en abandonnent la jouissance. S'ils sont divisés ou vendus, que deviendront tous ces malheureux? Sera-ce avec leur quote-part dans le prix de vente ou dans le partage, qu'ils pourront subsister?

Par la raison que les Corses ont généralement quatre fois plus de terres qu'ils n'en peuvent cultiver, ce serait une folie de vouloir, comme on l'a prétendu, leur abandonner les biens appartenant à l'état. On ne connaît donc pas la valeur de ces biens. On ne sait donc pas de quelle ressource ils peuvent être un jour, lorsqu'il s'agira d'attirer des étrangers dans le pays. Tout ce qu'on doit faire, en attendant, c'est de terminer au plus tôt les procès qu'ils ont fait naître; et pour en éviter de nouveaux, de s'entendre, quant aux limites, avec les parties intéressées.

Que si l'on persiste à vouloir distribuer ces biens, que si l'on veut absolument partager ou vendre ceux des communes, je ne saurais trop insister sur une mesure qui intéresse la sûreté des voyageurs : qu'on ait grand soin de commencer par les terres qui avoisinent les routes; et que le nouveau propriétaire soit, sous peine de déchéance, obligé à les mettre en culture dans un délai déterminé.

§ VI. *Chemins vicinaux.*

Il n'y a presque pas de chemins vicinaux en Corse; et tant qu'il n'y en aura pas, on espère inutilement d'arrêter les malfaiteurs.

C'est à l'administration qu'il appartient de pourvoir à cet objet important. C'est à elle d'assembler les conseils municipaux, de stimuler leur zèle, et de faire voter les travaux nécessaires; c'est à elle, enfin, de veiller à l'exécution de ces travaux. Le canton du Niolo a pu, à lui seul, faire un chemin qui rappelle en petit la fameuse route du Simplon. Ce qui s'est fait dans ce canton, prouve assez ce qu'on pourrait faire ailleurs.

La commission instituée pour rechercher les améliorations à faire en Corse, a proposé, dit-on, de faire faire les chemins vicinaux par des galériens. Ce serait fort commode assurément pour ceux que cela dispenserait de travailler. Mais n'y a-t-il pas assez de malfaiteurs en Corse, sans en augmenter encore le nombre ? Et si l'on veut changer les mœurs du pays, est-ce à des galériens qu'il faut en remettre le soin ?

§ VII. *Makis* (1).

Il faut, au plus vite, brûler les makis. C'est là que se réfugient en assurance tous les malfaiteurs dont l'île est infestée ; et c'est de là que chaque jour ils font feu sur la gendarmerie, qui se trouve dans l'impossibilité de se défendre.

Dans de pareilles circonstances, on s'étonnera que la loi du 10 vendémiaire an 4, sur la responsabilité des communes, n'ait jamais été exécutée en Corse ; elle s'exécute encore aujourd'hui en France. Cette responsabilité, trop souvent nécessaire dans les pays de montagnes, est surtout indispensable en Corse. Les communes, alors, auront un véritable intérêt à livrer les malfaiteurs. Au moins cesseront-elles de leur donner un asile.

---

(1) On appelle ainsi des broussailles élevées, qui couvrent une partie de la Corse. La plupart des chemins passent au milieu de ces broussailles.

§ VIII. *Port-d'armes.*

Un des principaux griefs des Corses contre la république de Gênes, c'est qu'elle ne voulut jamais franchement empêcher le port-d'armes. Voici ce qu'on trouve à ce sujet dans la justification Corse. L'auteur était Corse lui-même.

Après avoir reproché aux Génois l'obstination de leur refus ; après en avoir montré la cause dans le rabais qu'eût éprouvé la ferme de la chancellerie criminelle, dont les revenus devaient tomber avec la cessation des meurtres, il ajoute: « Nous tranchâmes le nœud de « la difficulté, en promettant de donner an« nuellement pour l'indemnité, 15 sous 4 de« niers par feu. En conséquence les armes fu« rent remises dans un dépôt public, et l'on « décerna une peine capitale contre ceux qui « oseraient en porter. Tout rentre dans l'or« dre incontinent. La tranquillité renait, les « liens de... la société... se renouent enfin : » Ce ne devait pas être pour long-temps. « Des hom« mes hardis se montrent avec des armes, et « commettent bientôt d'indignes excès. Les gens « de bien réclament la justice contre un Ange « Luccioni et Filippi Panzari, infracteurs des « lois. Les coupables sont absous. L'impunité « enfante et multiplie les crimes. La Corse se

« replonge dans une horrible confusion. Chacun
« y devient juge dans sa propre cause; et la
« guerre des passions, devenue plus funeste,
« nous immole tous par nos propres mains ».

Louis XV et Louis XVI avaient défendu de porter des stilets, sous les peines les plus sévères; et sous peine de mort, de porter aucune arme à feu. C'est à cette époque qu'il se commettait moins de crimes en Corse que dans plusieurs provinces de France.

A peine il y a neuf mois que le port-d'armes est permis; et dans ces neuf mois, il y a eu plus d'assassinats que dans toute l'année précédente.

L'autorité n'aura pas su qu'il y a plus de cent mille fusils en Corse. Elle ignorait que de 1789 à 1790, dans l'espace d'un an seulement, les Génois en expédièrent pour près de 1,800,000 fr. Aurait-elle jamais imaginé qu'au moment où j'écris, plus de vingt mille personnes iraient et viendraient, le fusil sur l'épaule ou le pistolet au côté ?

En permettant le port-d'armes, on n'a pas vu que c'était offrir une sauvegarde aux malfaiteurs. Tant qu'il a été défendu, tout homme armé était, pour cela seul, arrêté : on le supposait ou prévenu ou contumace, et rarement on se trompait. Mais aujourd'hui que tout le monde est en armes, que fera la gendarmerie ?

Comment savoir si l'homme qu'elle rencontre avec un fusil, a la jouissance de ses droits civils ? Comment s'assurer qu'aucun jugement ne les lui a fait perdre ? Elle le conduira devant le maire de la commune : mais le conduira-t-elle aussi devant le greffier de chaque tribunal ? est-ce possible ? et peut-on raisonnablement l'exiger ? Ne sachant comment s'y reconnaître, la plupart du temps elle n'arrêtera personne.

C'est sur les instances de gens du pays qu'on a, dit-on, permis le port-d'armes. Cela se peut. Mais il n'en est pas moins vrai que la majorité des Corses n'en veut pas, parce que la majorité n'est nullement intéressée à ce que tel ou tel se dérobe au châtiment qu'il a mérité. L'intérêt du plus grand nombre est que justice se fasse; et le plus grand nombre pense encore aujourd'hui comme pensaient leurs pères, lorsqu'ils faisaient dire aux Génois par leur orateur Mancini : « Le plus grand malheur qui puisse nous arriver, c'est qu'on nous permette d'avoir des armes. »

Je n'ignore pas qu'il est des personnes respectables, qui connaissent tous les dangers du port-d'armes; mais qui croient qu'une fois établi, il y aurait les plus grands inconveniens à vouloir le supprimer. « Le résultat, disent-elles, « sera de laisser les honnêtes gens sans défense.

« Car eux seuls rendront leurs armes ; et,
« quoi qu'on fasse, les mauvais sujets sauront
« conserver les leurs. » Il faut l'avouer, l'objection est grave. Elle le serait encore plus, s'il était question d'un autre pays. Mais rappelons-nous qu'il s'agit de la Corse, et n'exagérons ni la difficulté ni le péril.

Le succès d'un désarmement général dépendra des mesures qui seront prises. Si l'autorité sait être à la fois ferme et habile ; si, en agissant avec vigueur, elle sait s'assurer le concours des hommes influens, nul doute qu'elle ne réussisse beaucoup mieux qu'on ne le suppose.

« La vie des honnêtes gens ne sera pas en sûreté. » S'ils doivent être abandonnés à eux-mêmes, sans contredit. Mais la force publique n'est-elle pas là pour les protéger? Le colonel de la gendarmerie n'a-t-il pas su disposer ses brigades, de manière à ce qu'on trouvât chaque jour des gendarmes sur chaque route de l'île ? Réunis entre eux, et efficacement soutenus par l'autorité, les gens honnêtes auront-ils donc beaucoup à craindre de quelques centaines de brigands ?

Toutefois je mets les choses au pis, et je ne craindrai pas de le dire : dût-il, dans les premiers momens, arriver quelques malheurs, ils ne seraient point à comparer avec le danger toujours renaissant de laisser armée une population tout entière, et quelle population! Jamais le Corse ne quitte ses armes. La nuit et le jour; à la ville, aux champs, et jusque dans les temples, elles l'accompagnent par-tout.

N'est-il donc pas évident que, pour la moindre chose, on se tirera des coups de fusil, si l'on a sans cesse un fusil sous la main?

§ IX. *Condamnés par contumace.*

Doit-on délivrer des passeports pour l'étranger aux condamnés par contumace, qui infestent l'intérieur de l'île?

Si l'on peut ainsi s'en débarrasser, oui. Mais voici ce qui arrivera.

La plupart, qui n'ont rien, aimeront mieux vivre dans les makis, que de passer en France ou en Italie où ils n'auraient aucun moyen de subsister. Ceux qui ont quelque chose pourront momentanément sortir; mais leurs ressources et celles de leur famille épuisées, il est impossible qu'ils ne reviennent pas. Ni les uns ni les autres ne savent de métier; et aucun d'eux, à coup sûr, ne se donnera la peine d'en apprendre.

En deux mots: si la mesure atteignait au but, elle serait un acte de prudence; comme elle doit le manquer, elle ne sera qu'un acte de faiblesse.

§ X. *Gendarmerie.*

La gendarmerie est bonne, parce qu'il y a peu de Corses parmi les hommes qui la composent. Elle sera excellente, si le gouvernement peut se persuader qu'il y en a encore trop.

Les Corses eux-mêmes ont reconnu qu'il est impossible à un gendarme du pays de faire son métier au milieu de sa famille et de ses amis; mais ils croient qu'il suffit de l'en éloigner, et c'est en cela qu'ils ont tort. « Que le gendarme « de Bastia, disent-ils, soit employé à Ajaccio, « et celui d'Ajaccio à Bastia : par là se trouvent « rompus les anciens attachemens. » Soit; mais les mœurs restent les mêmes, et c'est assez pour en former de nouveaux : il n'y a qu'un étranger qui puisse long-temps rester neutre entre les divers partis. « Mais un étranger ne connait pas les localités. » Un gendarme étranger connaitra aussi vite le pays en deçà des monts, que le gendarme qu'on aurait pris au-delà.

La gendarmerie, quoique nombreuse, ne l'est pas encore assez pour tous les besoins du service. Si on ne l'augmente pas, au moins faudrait-il augmenter la garnison. Elle devrait être de cinq à six mille hommes, dont une partie serait employée à faire des routes militaires (1). Elles

---

(1) Celle de Calvi à Corte, par exemple.

seraient aussi utiles au commerce, qu'elles sont nécessaires à la sûreté de l'île. Ces cinq ou six mille hommes devraient être répartis principalement dans l'intérieur du pays. Ce n'est pas à Bastia, à l'Ile-Rousse, à Ajaccio ou à Calvi qu'il faut une force imposante ; c'est à Sartène, à Corte, à la Porta, et surtout dans le Fiumorbo, dont les habitans sont sans cesse en guerre avec l'autorité. Mais si l'on veut que les Corses deviennent Français, qu'on ne leur envoie pas des régimens étrangers ; et encore moins des bataillons coloniaux, si l'on veut améliorer les mœurs du pays.

§ XI. *Cour Royale.*

L'institution du jury suppose une masse d'hommes éclairés et indépendans, parmi lesquels on puisse prendre les jurés.

Ce ne sont pas précisément les lumières qui manquent en Corse. On pourrait même y trouver cette sorte d'indépendance qu'on cherche plus particulièrement dans les affaires politiques. Mais celle qui est de nécessité dans les affaires courantes ; disons mieux ; celle qu'il faut également dans toutes les affaires, et qui consiste à être à la fois sans crainte, sans affection et sans haine: on l'y chercherait inutilement. En Corse, on est ami ou ennemi, il n'y a pas de milieu.

Voici ce qu'écrivait, il y a quelques années, un

homme du pays; et les choses n'ont pas changé depuis cette époque.

Après avoir rappelé que dans un espace de onze ans, il n'y avait eu, avec le jury, que dix ou douze condamnations, dont aucune n'avait été exécutée; après avoir dit que l'impunité avait tellement multiplié les crimes, qu'on ne se donnait plus la peine de les poursuivre, il ajoutait:
« En général, chez les autres nations, les délits
« naissent de l'avidité du gain, de la débauche
« et de l'esprit de brigandage. En Corse, on voit
« rarement un habitant traduit devant un tri-
« bunal pour crime de vol. C'est presque tou-
« jours un ressentiment particulier exercé contre
« un ennemi ; c'est un point d'honneur mal
« entendu, qui donne lieu à une infinité de
« crimes. »

« De là il résulte qu'au lieu de trouver les cou-
« pables dans la masse la plus vile, comme par-
« tout ailleurs, on les trouve généralement dans
« la classe la plus aisée : toutes les inimitiés du
« Liamone en présentent une preuve. Et comme
« les jurés sont toujours pris dans cette classe,
« il arrive que les prévenus, au lieu de trouver
« dans ces derniers des juges sévères et impar-
« tiaux, y rencontrent souvent leurs défenseurs
« et leurs soutiens. »

Le jury s'est maintenu en Corse depuis 1790 jusqu'en 1801. Les Corses ont eu le temps de l'éprouver : ils n'en veulent plus. L'opinion est unanime à cet égard.

Comment s'expliquer après cela le sentiment de ceux qui voudraient que les juges fussent pris dans le pays ? Faut-il le dire ? C'est que si les fonctions de juré sont gratuites, celles de juge ne le sont pas : en conséquence elles sont convoitées par beaucoup de gens. Mais que M. le garde-des-sceaux dise à l'un d'eux : « Je ne puis pas vous donner la place que vous demandez. Je pourrai la donner à un tel, qui n'est ni votre parent ni votre ami. Mais ne vaudrait-il pas mieux nommer un Français du Continent ? » Je me trompe fort, ou il répondra : « Nommez un Français. »

Pour qui connaît la Corse, il est évident que tel qui eût fait un excellent juge en France, doit être un mauvais magistrat dans son pays.

Lorsqu'un homme a été assassiné, la loi ne considère, ni quel était l'assassin, ni sur qui l'assassinat a été commis. Dans les mœurs Corses, cependant, c'est le devoir d'un fils de venger la mort de son père. Entre la loi qui condamne, et sa propre opinion qui absout, que fera le magistrat Corse ?

Il a été élevé, il a vécu dans cette idée, qu'il se doit avant tout à sa famille, que les amis de ses parents sont ses amis, que leurs ennemis sont ses ennemis : Et l'on espère qu'en un instant il dépouille les habitudes de sa vie! Peut-être parmi les siens, il en est qui ont commis quelque crime par esprit de vengeance: il voudra les sauver; mais de quel front, alors, condamnerait-il ceux qui se trouvent dans le même cas? Pourra-t-il résister aux sollicitations de sa famille et de ses amis? Saura-t-il être juste envers leurs ennemis?

« La loi, dira-t-on, ne permet pas qu'un « juge soit mis à cette épreuve. Il se récusera « lui-même, ou on le récusera ». La loi a été faite pour la France; elle est insuffisante en Corse, où l'on est encore parent, lorsqu'ailleurs on ne se connait déjà plus. Le législateur Français pouvait-il prévoir qu'il y eût jamais des tribunaux récusés en entier?

On cite le temps de Paoli où la justice était rendue par des hommes du pays, mais ces hommes ne firent jamais que la volonté de leur chef. Et quoique né en Corse, Paoli n'avait aucun des préjugés de son pays. Elevé dans l'étranger, et nourri des hautes leçons de l'antiquité, grand citoyen autant qu'homme de génie, Paoli eut le courage d'envoyer son propre neveu à la mort. De pareils hommes sont hors de toute comparaison.

A Dieu ne plaise cependant que je croie impossible de trouver un magistrat Corse qui fasse son devoir! Partout, grâce au ciel, il est encore des âmes élevées qui sont au-dessus des affections, des préjugés et de la crainte. Mais suffira-t-il, enfin, qu'un magistrat soit irréprochable? et ne faut-il pas encore que le public en soit convaincu? Le magistrat Corse, quoi qu'il fasse, sera sans cesse exposé au soupçon. Par cela seul qu'il tient au pays, on ne croira pas à son impartialité; et tôt ou tard il lui arrivera ce qui est arrivé à M. Giaccobi (1).

Si jusqu'à présent la justice a été si mal administrée en Corse, je ne crains pas de le dire, c'est qu'elle l'a été par des magistrats du pays. On s'étonne que le premier président n'ait pas fait plus de bien : on attendait davantage de l'homme qui, dans le département de Vaucluse, avait résisté avec tant de courage aux excès de 1815. Mais M. Mezard a-t-il trouvé auprès du gouvernement les secours qu'il avait droit d'en attendre? Lui a-t-on envoyé les hommes qu'il demandait, et qui auraient pu le seconder? Certes ce n'est pas avec trois magistrats étrangers qu'il pouvait changer la marche des affaires. Et pourtant, il faut le dire, tant que les conseillers Français ne seront pas en majo-

---

(1) Depuis les débats qui ont eu lieu à la chambre des députés, tout le monde sait que M. Giaccobi fut assassiné au moment où il partait d'Ajaccio pour se rendre à Bastia.

rité dans la cour, il n'y a rien à espérer. Quant aux membres du parquet, tous, sans exception, doivent être étrangers au pays, le greffier également.

La cour ainsi composée, on sera sûr au moins de son impartialité, et tous les crimes seront poursuivis. Mais pour prévenir efficacement la *vendetta*, ce n'est point assez d'une justice impartiale; il faut encore qu'elle soit prompte.

A peine informés qu'un crime a été commis, le procureur du roi et le juge instructeur devraient se rendre en toute hâte sur les lieux, pour commencer la procédure. C'est ce qu'on ne fait jamais, et c'est à quoi le procureur général ne saurait veiller avec trop de soin.

Placée à Bastia, comme elle l'est aujourd'hui, la cour n'est point à portée de tous les justiciables. Il serait à désirer qu'on la transférât à Corte, au centre de l'île. Elle y trouverait un local qui peut commodément la recevoir; et qui, au besoin, contiendrait encore le tribunal et les prisons civiles.

Pendant l'hiver, les communications entre Ajaccio et Bastia sont souvent interrompues. La justice en souffre; et c'est surtout un mal dans les affaires criminelles. L'établissement de la cour royale à Corte n'y remédie pas. Mais qui empêcherait de détacher quatre conseillers

Français, qui, réunis au tribunal de Bastia, formeraient une cour de justice criminelle pour l'ancien département du Golo? Et pourquoi n'en établirait-on pas à Ajaccio une seconde absolument semblable, pour juger dans le département du Liamone? Cette double organisation serait moins coûteuse qu'on ne l'imagine: la diminution des frais de justice (1) ferait plus qu'en couvrir la dépense; et l'on y trouverait l'inestimable avantage de pouvoir promptement terminer toutes les affaires. Elle en présente un autre qui n'est pas moins précieux.

Le recours en cassation est devenu illusoire pour la Corse. Pendant les cinq ans que j'y ai passés, plus de deux cents arrêts ont été illégalement rendus, et je n'en sache encore que deux qui aient été annulés. On explique cette conduite de la cour de cassation, en disant qu'elle ne saurait devant quelle cour renvoyer, attendu que nulle part en France on ne parle italien. Mais il faut dire aussi que la cour de cassation n'en agissait pas autrement, lorsque nous avions des tribunaux dans toute l'Italie. Quoi qu'il en soit, il est temps qu'un pareil scan-

---

(1) Actuellement, les témoins ont quelquefois plus de quarante lieues à faire; et c'est l'indemnité qui leur est due qui fait la plus grande partie des frais de justice: on pourrait dire qu'elle en fait la presque totalité.

dale cesse. L'établissement des deux cours n'y laisserait aucun prétexte, au moins pour un premier renvoi. La cour de cassation aura bien rarement à en prononcer un second; mais le cas arrivant, serait-il donc absolument impossible de renvoyer devant quelqu'une des cours du midi?

§ XII. *Tribunaux de première instance.*

Beaucoup de juges sont dans le cas de la retraite. Les tribunaux d'Ajaccio et de Bastia ne sont pas assez nombreux pour toutes les affaires civiles et correctionnelles. Et si l'on établit les deux cours que je propose, à plus forte raison faudra-t-il les augmenter. Qu'on en profite pour y envoyer le plus de Français qu'on pourra; mais qu'on soit assez juste pour ne les y laisser qu'un certain temps.

Si l'on craignait de ne pas trouver assez de magistrats qui entendissent l'italien, je répondrais qu'au civil peu importe: tous les avocats parleront français quand on l'exigera. Au criminel, c'est différent. Mais est-il donc si rare de rencontrer des gens qui sachent l'italien? et n'avons-nous pas eu assez de magistrats en Italie?

Le président de chaque tribunal, autant que cela est possible, devrait être français? Quant aux procureurs du roi, rien n'empêche que tous ceux du pays ne soient remplacés, sauf à les dédommager en France. Si l'on veut absolument les conserver, au moins faudra-t-il les faire changer de tribunal : appeler celui d'Ajaccio à Bastia, celui de Bastia à Ajaccio, et ainsi des autres.

§ XIII. *Juges de paix.*

Les juges de paix, pour la plupart, ne conviennent nullement à leurs fonctions. Quelques-uns ne savent pas écrire. Plusieurs ont été poursuivis pour vol et pour faux, d'autres pour assassinat. Il en est un, m'a-t-on dit, qui ne siège jamais qu'il n'ait ses armes à son côté.

Une nouvelle organisation est devenue nécessaire. Depuis trois ans on s'en occupe; mais elle est encore à paraître, et l'on continue à s'assassiner en Corse. Je conçois l'embarras du ministre. Tant de gens ont été consultés, et les renseignemens sont si divergens, que, s'il veut écouter tout le monde, il lui sera impossible de prendre une décision.

S'il m'est permis de donner mon opinion personnelle, je dirai que le travail du gouverneur me paraît devoir, plus qu'aucun autre, fixer l'attention du ministère.

Le général Willot avait senti de quelle importance il était d'avoir de bons juges de paix (1). Il parcourut lui-même exprès toute la

---

(1) Le général Willot vit, au premier coup-d'œil, que

Corse, pour s'assurer de la moralité et des lumières de ceux qu'il devait présenter. Tous ses choix, sans doute, ne sont pas excellens. Il disait lui-même au garde des sceaux : « Je ne les « donne pas pour bons; mais je crois qu'ils sont « les moins mauvais qu'on puisse faire. » On ne trouvera sur sa liste aucun de ces hommes qui ont, à une certaine époque, affecté des opinions exagérées; mais on y trouvera les plus honnêtes propriétaires de chaque canton, les plus éclairés, les plus riches, les plus intéressés à la tranquillité du pays.

§ XIV. *Maires.*

Les maires sont, dans certains cas, officiers de police judiciaire; et comme tels, ils ont une part à l'administration de la justice. Ils sont en outre chargés des registres de l'état civil, qui décident si souvent de la fortune et du rang des citoyens. Dans le plus grand nombre des communes, ces registres sont mal tenus, sans ordre, sans exactitude. Dans quelques-unes, ils ont entièrement disparu.

La plupart des maires qui ont été nommés en 1815, devraient être changés; mais le préfet semble craindre qu'on ne crie à la réaction.

---

tout dépend en Corse d'une bonne administration de la justice. Il écrivait au ministère, en 1816 : « Ce ne sont pas des bayonnettes qu'il me faut, mais de bons magistrats. »

Qu'il se rassure. En Corse on s'inquiète fort peu de l'opinion des maires; mais on s'y estimerait fort heureux que tous fussent honnêtes gens.

§ XV. *Bureaux de conciliation et de consultations gratuites.*

Il existait, avant la révolution, des juntes qui formaient une juridiction paternelle de discipline et de correction. Ces juntes avaient pour objet de prévenir toute division entre les familles. Elles ont rendu de grands services à la Corse; et les justices de paix ne les ont remplacées qu'imparfaitement. On ne saurait trop s'empresser de les rétablir.

Le premier président a un autre projet qui tend au même but. Il voudrait qu'il y eût, dans chaque chef-lieu d'arrondissement, un bureau composé d'un homme de loi et de deux autres citoyens, chargés de concilier les différends. Un autre bureau, formé d'avocats et d'avoués, se chargerait gratuitement de la défense des indigens, que lui aurait adressés le bureau de conciliation. Mais il faut, pour cela, que tous les droits sur les actes de la partie pauvre soient provisoirement perçus en *debet* par l'enregistrement. Si la partie adverse perd, ces droits seront payés par elle; et ce sera autant de gagné pour le fisc : car s'il n'y avait pas eu de crédit, il n'y aurait pas eu d'actes.

Beaucoup de délits correctionnels ne sont pas poursuivis, parce que la partie lésée n'est pas en état d'avancer les frais, et parce qu'elle ne peut ou ne veut cependant pas faire constater son indigence (1). Lorsqu'il se trouverait des personnes dans ce cas, et qu'elles auraient en leur faveur une décision du bureau de consultation portant qu'elles ont droit de se plaindre, il faudrait, selon moi, qu'elles pussent, sans faire aucune avance, obliger le procureur du roi à poursuivre d'office.

On peut vouloir, en France, empêcher beaucoup de petits procès. En Corse, on aurait tort; car de deux choses l'une, ou l'on plaidera, ou l'on s'assassinera.

§ XVI. *Illégalités à faire disparaître.*

Plusieurs des mesures que j'ai proposées sont en contradiction avec les lois existantes. La suspension du jury est contraire à la charte. Mais si l'on est forcé de déroger à la charte et aux lois, au moins faut-il n'y déroger que légalement. C'est de quoi l'on s'est jusqu'ici fort peu inquiété pour la Corse.

---

(1) Art. 160. En matière de police simple ou correctionnelle, la partie civile qui n'aura pas justifié de son indigence, sera tenue, avant toutes poursuites, de déposer au greffe, ou entre les mains du receveur de l'enregistrement, la somme présumée nécessaire pour les frais de la procédure. (*Tarif des frais en matière criminelle.*)

Un décret a supprimé les droits réunis. Une imple décision ministérielle a diminué les droits d'enregistrement.

Le chef-lieu de la division militaire avait été changé arbitrairement en 1814. Plus tard, le marquis de Rivière a, de sa propre autorité, transféré la cour royale d'une ville dans une autre.

La cour de justice criminelle n'existe qu'en vertu d'une ordonnance. Parmi les magistrats qui la composent, il en est qui n'ont été nommés que par le marquis de Rivière : c'est à ce titre seul qu'ils ont jugé, et c'est à ce titre seul qu'ils jugent encore.

Toutes ces illégalités, je dois le dire, sont étrangères aux ministres d'aujourd'hui. Espérons qu'il suffira de les leur avoir signalées, pour qu'elles disparaissent.

§ XVII. *Administration.*

En disant ce qu'il y aurait à faire pour prévenir les délits, et pour en assurer la poursuite, j'ai dit à peu près tout ce que la justice est en droit d'attendre de l'administration. La fixation des limites entre les communes, le brûlement des makis, l'entretien des chemins vicinaux, une bonne gendarmerie et de bons maires, voilà le plus pressé, si ce n'est le plus important. Joignez-y l'instruction publique et le clergé, dont nous n'avons encore rien dit ; et il ne nous restera plus à parler que du choix des administrateurs.

On a pu avoir le projet d'établir une université à Corte ; mais je doute fort que de long-temps on en vienne à l'exécution. De pareils établissemens ne se font pas sans une assez grande dépense ; et pour qu'on se décide à la faire, il faut qu'ils soient d'une utilité plus générale : une université à Corte ne servirait qu'aux habitans de la Corse. Mais pût-elle servir en outre à une partie de la France, ou crût-on devoir passer par-dessus cette considération : il en est une autre qui doit, selon moi, faire abandonner le projet.

Qu'on forme des écoles élémentaires suivant la nouvelle méthode ; qu'on les multiplie, et qu'on en établisse, s'il se peut, dans chaque commune : c'est tout ce qu'on peut faire pour les classes inférieures. Qu'il y ait ensuite deux ou trois colléges, où des professeurs français enseigneront les langues anciennes, la langue française et les élémens des sciences : cela me paraît de toute justice. On ne peut pas raisonnablement exiger que les parens envoient au-delà de la mer, des enfans de huit ou dix ans.

Mais pourquoi les jeunes gens qui auraient étudié dans un collége, ne viendraient-ils pas achever leur éducation en France ? Il s'en trouvera, je le sais, qui seraient dans l'impossibilité de faire une dépense aussi considérable; et s'ils se sont distingués dans le cours de leurs études, il faudra leur accorder des secours. Mais tous ceux qui étaient assez riches pour se soutenir eux-mêmes à Pise, à Florence, à Venise, à Rome, ne le seront-ils pas assez pour vivre à Aix ou à Montpellier? On ne saurait trop obliger les Corses à sortir de leur pays; on ne saurait trop les forcer à venir en France. Un séjour de trois ou quatre ans sera trop peu encore pour changer les habitudes de leur enfance, mais il les modifiera; il leur donnera d'autres idées; il les familiarisera au moins avec d'autres mœurs.

Il est question de créer un séminaire en Corse; et il faut convenir que le défaut d'instruction dans le clergé s'y fait sentir d'une manière vraiment déplorable. Les Corses entrent volontiers dans l'état ecclésiastique (1): il favorise leur paresse; il leur donne un moyen d'existence, et de là considération. Le plus souvent c'est tout ce qu'ils y cherchent. J'aime à croire qu'il y a de l'exagération dans les reproches qu'on fait aux prêtres du pays. On les accuse de ne pas prêcher le pardon des injures; on dit qu'en certains cas ils encouragent les témoins à mentir à la justice. Quoi qu'il en soit, toujours est-il

---

(1) Dans le seul canton de Monte-Grosso, on compte plus de quatre-vingts prêtres.

vrai qu'en général ils sont très-ignorans, très-superstitieux, et profondément imbus de tous les préjugés de leur pays. Le mal est dans la facilité, j'ose dire scandaleuse, avec laquelle ils sont admis à la prêtrise. Chaque année on en ordonne un nombre prodigieux; et le public est encore à savoir où ils ont fait leurs études. L'établissement d'un séminaire en Corse pourrait jusqu'à un certain point, remédier à cet inconvénient; mais il laisserait subsister tous les autres. Les jeunes gens qui se destinent à l'état ecclésiastique trouveront en France des moyens d'instruction qu'ils n'auront jamais chez eux. En même temps qu'ils deviendront plus habiles dans la science de la religion, ils apprendront beaucoup mieux à en connaître l'esprit, et à en pratiquer les vertus.

Quelque ignorant que soit le clergé corse, il n'en exerce pas moins une très-grande influence; et il n'est que trop ordinaire qu'il en abuse. Beaucoup de curés entretiennent les divisions dans leurs paroisses, en se mettant à la tête d'un des partis. D'autres sont en opposition constante avec les maires, et suscitent à l'administration toutes les difficultés qu'ils peuvent. Heureusement l'évêque actuel est un digne prélat. L'autorité administrative pourra facilement s'entendre avec lui; et je ne doute pas qu'il ne se prête à tous les changemens qui seront dans l'intérêt de la religion et du pays.

Lorsqu'il y avait deux préfets en Corse, il existait naturellement entr'eux une rivalité qui devait, dans tous les cas, tourner au bien de leurs administrés ; car jamais l'un ne pouvait entraver la marche de l'autre. Aujourd'hui que toute l'administration est concentrée en une seule main, il ne peut plus y avoir lieu à émulation, et c'est un mal. L'administrateur unique sent d'ailleurs fort bien qu'il n'est pas sous la surveillance immédiate du gouvernement. Il en est trop éloigné, trop indépendant, pour qu'à la longue il ne soit pas tenté de se considérer comme un vice-roi. Quand les choses en sont là, tout est au pis.

Il est d'ailleurs une raison toute physique qui s'opposera toujours à cette concentration. La Corse est trop étendue, les communications surtout sont trop difficiles, pour qu'il n'y ait qu'un seul centre d'administration. Pendant une partie de l'hiver on ne peut pas traverser les monts. Tant que cela dure, il est de nécessité que les affaires restent suspendues d'un côté ou de l'autre. C'est l'ancien département du Golo qui souffre aujourd'hui de cet inconvénient ; et il en souffre, au point qu'il ferait volontiers tous les frais nécessaires pour rétablir une préfecture à Bastia. En général, on ne saurait trop faciliter les rapports entre l'administration et les administrés : cela est vrai en Corse plus que partout ailleurs. La Balagne réclame contre l'établissement de la sous-préfecture à Calvi ; et sa réclamation n'est pas moins juste que celle de l'ancien département du Golo. C'est à l'Ile-Rousse que devrait être le sous-préfet. Calvi est d'une grande importance comme place de guerre ; mais situé, comme il l'est, à l'extrémité de l'arrondissement, il ne peut raisonnablement en être le chef-lieu. Joignez à cela qu'en hiver la crue des eaux rend la ville inabordable, et que pendant l'été des exhalaisons pestilentielles en chassent jusqu'aux habitans (1).

Après ce que j'ai dit sur la composition de la cour et des tribunaux, on ne s'étonnera pas que je croie indispensable de n'avoir en Corse que des administrateurs français. Toute place qui donne un pouvoir dont on peut abuser ou pour ses amis ou contre ses ennemis, doit, s'il est pos-

---

(1) Le colonel de la gendarmerie me paraîtrait devoir résider à Corte, auprès de la cour. Le général commandant la division devrait retourner à Ajaccio. Bastia n'est point un poste militaire ; et la raison qui y fit placer le général, en 1814, a cessé d'exister. On vient de Toulon à Ajaccio, avec un seul vent, en vingt ou vingt-quatre heures ; mais pour aller de Toulon à Bastia, il faut plusieurs vents ; il faut, en outre, doubler le cap Corse, et le trajet le moins long est de deux ou trois jours.

sible, être occupée par un étranger. Lorsque l'état des choses aura changé, lorsqu'un Corse en place pourra être aussi impartial au milieu des siens, qu'il le serait partout ailleurs, on fera fort bien d'employer les Corses dans leur pays. Jusque-là, qu'on y envoie des Français ; mais en même temps aussi, que les Corses soient placés en France. C'est une compensation qui leur est due, et dont ils sont extrêmement jaloux. Ils voient avec peine que le seul de leurs compatriotes qu'il y eût à la chambre des pairs, en soit encore éloigné. Ils se plaignent qu'on ait presque entièrement cessé de les employer. Et combien d'excellens généraux cependant la Corse n'a-t-elle pas fournis, et ne pourrait-elle pas fournir encore à la France ! Comme administrateurs, MM. Galéazini, Ferri di Pizani, Giubéga, Pietri ont montré une rare habileté dans des temps difficiles. Il ne m'appartient pas de louer des magistrats dont j'ai partagé les travaux ; mais je dois le dire à l'avantage du barreau corse, il n'est aucune de nos cours qui ne s'honorât de compter parmi ses membres des hommes comme MM. Vidau, Rigo, Muzelli, Graziani, Maestroni, Stéphanini. MM. Cunéo d'Ornano, Pompée et Biadelli se feraient distinguer, même en France, dans les fonctions du ministère public. Il faut l'avouer, il n'est pas de carrière où les Corses ne pussent se montrer avec avantage.

Hors de leur pays, on peut les employer à tout.

On a cru jusqu'ici faire merveille en donnant l'administration de la Corse à des généraux. On s'est trompé. Rien n'y convient moins que le ton et les habitudes militaires. Les Corses se soumettent à la loi; mais l'arbitraire les révolte. Il n'est pas un arrêt des tribunaux, pas un acte de l'administration qui ne soit examiné, contrôlé, jugé par eux. S'ils se croient lésés, ils vont droit à l'autorité, et ils ne craignent pas d'entrer en discussion avec elle. De pareilles gens méprisent un général qui ne sait point administrer; ils estiment l'administrateur, quel qu'il soit, qui entend et qui fait les affaires. Toutes les fois donc qu'on trouvera un homme ferme, modéré, impartial, parfaitement au fait des lois et de l'administration; qu'il n'ait été que sous-préfet, ou moins encore, on peut l'envoyer hardiment en Corse. Qu'à toutes ces qualités il joigne, s'il est possible, l'avantage de connaitre le pays, sans y avoir contracté de liaison intime avec aucun des habitans: ce sera un préfet comme on n'y en vit jamais. Où le trouver? Je l'ignore. Mais qu'on veuille bien se donner la peine de le chercher; qu'en le cherchant on n'ait égard qu'aux besoins du pays et qu'aux qualités de l'homme: on le trouvera, et peut-être plus aisément qu'on ne l'imagine. Quoi qu'il en soit, je le supposerai trouvé. Je supposerai qu'il va partir; et voici comment je conçois que pourrait lui parler le ministre qui l'aurait nommé:

« Vous n'agirez jamais que conformément aux lois. »

« Vous ne serez l'homme d'aucune famille. Vous ne protégerez ni celui-ci, ni celui-là; mais vous protégerez tous les honnêtes gens. »

« Pour qu'on croie à votre justice, il ne suffira pas que vous soyez juste; il faudra qu'accessible à tout le monde, vous ne montriez de prédilection pour personne. »

« Quand vous arriverez, il n'est pas de piège qu'on ne tende à votre amour-propre. On vous enverra des députations de tous les points de votre département. Une ville pourra, lors de votre passage, aller tout entière à votre rencontre. On illuminera toutes les maisons; on vous élevera jusqu'à sept arcs de triomphe. N'allez pas vous enorgueillir. On en avait fait tout autant à votre prédécesseur, qui est parti sans qu'on ait fait semblant de s'en apercevoir. »

« Vous trouverez des hommes, que vous n'avez jamais vus, qui vous protesteront de leur humble dévouement. D'autres viendront avec fracas vous offrir leurs services, et vous diront : *Je puis, au besoin, mettre quatre cents hommes sous les armes.* »

« S'il est des gens qui, pour se maintenir en

place, croient devoir cacher ce qui se fait de mal en Corse, gardez-vous de les imiter. Ils ont beau s'attacher certaines familles, et chercher un appui dans des hommes que leurs crimes ont rendus la terreur du pays. Ils ne tarderont pas à être rappelés. »

« Tâchez de vivre en bonne harmonie avec toutes les autorités. Il n'y aura rien qu'on ne fasse pour vous en empêcher. C'est par là qu'on commence, quand on veut se défaire d'un administrateur ou d'un magistrat dont on craint l'impartialité. On le dénonce ensuite comme un homme qui ne convient point au pays. »

« Soyez modéré, mais aussi soyez ferme. La moindre faiblesse vous perdrait sans retour. Parlez peu; n'agissez qu'après avoir réfléchi; surtout ne consultez aucun Corse: ces gens-là sont trop passionnés. »

« Il y a eu des hommes animés des meilleures intentions, mais qui n'ont pas réussi en Corse, parce qu'ils disaient trop ouvertement ce qu'ils pensaient sur le pays. Contentez-vous de le connaître, et n'en parlez jamais. Les Corses ne pardonnent pas qu'on y trouve rien de mal. »

Si le préfet à qui ces instructions s'adressent est l'homme que j'ai supposé, il ne s'effraiera point des difficultés qu'elles annoncent; mais je me trompe fort, ou il répondra :

« Plus la mission qui m'est offerte est difficile,

et plus je m'en sens honoré. Comme je n'entends point, toutefois, compromettre ma réputation, ainsi qu'ont fait tous mes prédécesseurs : si j'accepte, c'est à condition d'être jugé sur ce que j'aurai véritablement fait ; à condition, par conséquent, que votre excellence ne permettra à aucun Corse de l'entretenir de mon administration. »

FIN.

www.ingramcontent.com/pod-product-compliance
Lightning Source LLC
LaVergne TN
LVHW021719080426
835510LV00010B/1048